« Le Code de la propriété intellectuelle et artistique n'autorisant, aux termes des alinéas 2 et 3 de l'article L.122-5» , d'une part. que les « copies ou reproductions strictement réservées à l'usage privé du copiste et non des1inées à une utilisation collective» et, d'autre part, que les analyses et les courtes citations dans un but d'exemple et d'illustration, « toute représentation ou reproduction intégrale, ou partielle, faite sans le consentement de l'auteur ou de ses ayants droit ou ayants cause, est illicite» (alinéa 1er de l'article L. 122-4).

Cette représentation ou reproduction, par quelque procédé que ce soit, constituerait donc une contrefaçon sanctionnée par les articles 425 et suivants du Code pénal. »

Tous Droits réservés: © Rick Thims, JANVIER 2023

Salut à Toi

D'abord merci de prendre de ton temps pour me lire. Ce carnet te permettra de faire exploser ta créativité et de t'apercevoir que dans la vie on peut se marrer, s'amuser et se découvrir une âme d'artiste.

Le premier but du livre est que tu fabriques ton œuvre d'art rien qu'à toi. Tu en es capable et je suis sûr que ton imagination est débordante.

Si tu le souhaites, je t'invite à m'envoyer les extraits de ton livre et quelques idées que tu souhaiterais y voir apparaitre.

Alors rendez-vous à l'adresse e-mail suivante :

rick.thims.editions@gmail.com

Je te souhaite un dépaysement total, sors de ta zone de confort et amuse-toi bien.

Au plaisir de te lire.

Bien à Toi.

Rick Thims

Ton Empreinte Digitale

Attention !!!

Quand tu œuvreras et rempliras ton livre, tu vas évidement te salir et te tacher avec de l'encre, de la peinture et te coller les doigts !

Tu toucheras aussi des trucs et substances louches et bizarres.

Tu vas sûrement regretter de détruire ce livre et de ne pas en prendre soin.

Au final, tu vas changer d'avis et te prendre au jeu. Ici tu vas vite t'apercevoir que détruire quelque chose c'est créer une œuvre nouvelle, inestimable et unique.

C'est Ton Œuvre !

Alors éclate-toi, éclate ce livre, qu'il soit l'allié de ta folie de Virtuose qui te sortira du virtuel !

Rick Thims

© 2023, Rick Thims

Édition : BoD – Books on Demand, info@bod.fr.

Impression : BoD – Books on Demand, In de Tarpen 42, Norderstedt (Allemagne)

Impression à la demande

ISBN: 978-2-3224-7147-8

Dépôt légal : Janvier 2023

Loi n°49-956 du 16 juillet 1949 sur les publications destinées à la jeunesse, modifiée par la loi n°2011-525 du 17 mai 2011.

Dis-moi déjà à qui appartient ce livre

En bref, écris ton prénom de ta plus belle plume ↗

Écris maintenant ton prénom d'une manière illisible ↗

Écris ensuite ton prénom en gros et en MAJUSCULE ↗

Pour finir, écris ton prénom à l'envers ↗

Quelle est ton adresse ? ↗

Quel est ton numéro de téléphone ? ↗

*Petite Remarque

Si tu trouves ce livre, tu dois remplir un défi ou plusieurs, et renvoyer cette œuvre d'art à son propriétaire.

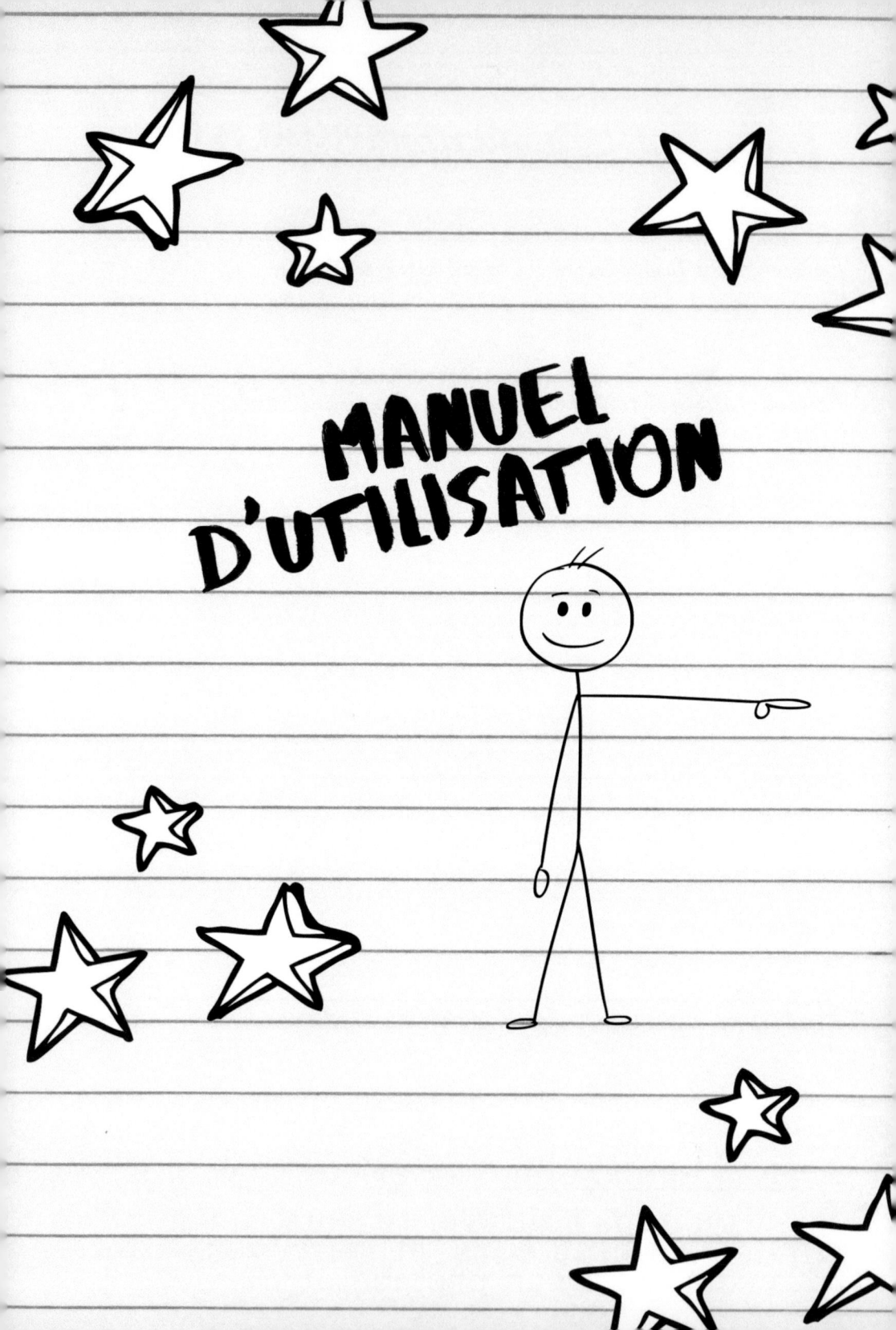

1 Emmène ce livre partout avec toi, vous ne devez faire qu'un.

2 L'ordre de réalisation des défis n'a pas d'importance.

3 Respecte bien les consignes que je te donne.

4 Essaye, teste et expérimente, c'est primordial pour que ton œuvre soit originale.

5 Tu peux adapter les consignes comme tu veux. (Le bon sens ne sera pas de mise.)

Colorie cette page, ne la laisse pas blanche

Le matériel qui pourrait être utile, ou pas !

- [ ] Ce carnet
- [ ] De l'imagination
- [ ] De la colle
- [ ] De la bave
- [ ] De l'eau / du soda
- [ ] Des fleurs
- [ ] Des feuilles d'arbres
- [ ] Un crayon à papier
- [ ] Un stylo à bille
- [ ] Du fil et une aiguille
- [ ] Des timbres
- [ ] De la colle
- [ ] De l'encre
- [ ] De la peinture
- [ ] Du tissus
- [ ] De la crème de jour
- [ ] Un peigne
- [ ] Des couverts
- [ ] De l'herbe
- [ ] Une ficelle
- [ ] Des idées
- [ ] Tes pieds et mains
- [ ] Des journaux
- [ ] Des balles
- [ ] Des photos
- [ ] Des fournitures de bureau
- [ ] Du vernis à ongles
- [ ] Des aliments
- [ ] Du chocolat, café ou thé
- [ ] Du ruban adhésif
- [ ] Du rouge à lèvres
- [ ] Une paire de ciseaux
- [ ] Du maquillage
- [ ] De la détermination
- [ ] Des paillettes
- [ ] Des plumes
- [ ] De la peur
- [ ] Des larmes
- [ ] Des poils
- [ ] Des trucs visqueux

ATTACHE un ficelle
à ton livre.

ICI

et promène-le le temps d'une
balade.

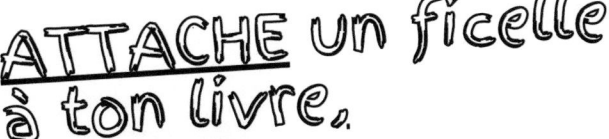

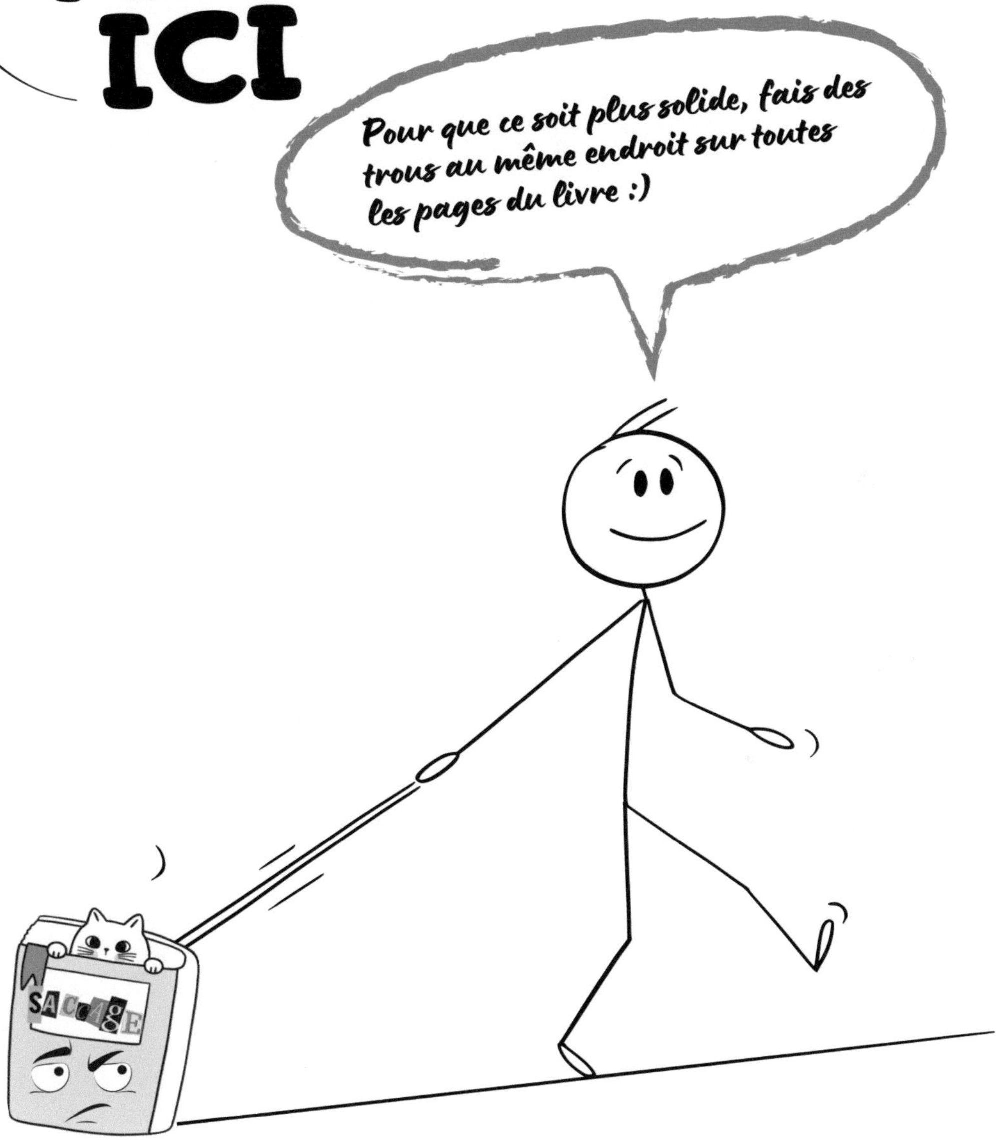

Assouplis le dos de ton livre, prépare-le Pour que celui-ci puisse affronter ton courroux !

Répertoire des taches

Tiens-Toi debout Ici !

(Essuie tes pieds et saute à pieds joints)

Là

Éclabousse, Renverse, Crache, ta boisson préférée ici

Dessine les contours
des taches.

Fais des trous sur cette page à l'aide de ton crayon

Peins cette page

Trace des lignes avec des stylos de différentes couleurs

(en appuyant plus ou moins fort)

Pages réservées aux
empreintes de mains

(Tu peux aussi appliquer de la colle et ajouter des paillettes)

Place des pièces de monnaie derrière cette page.

Fais-les apparaître sur cette page en crayonnant par dessus. Tu peux recouvrir les deux pages et prendre des pièces différentes.

Page vierge qui va forcément servir

Pages réservées aux empreintes de pieds

(Salis tes pieds avec de la peinture ou de l'encre et applique-les sur les 2 pages.)

Fais des taches de peinture.

COLORIE toute la page

Colle des pétales de fleurs sur cette page.

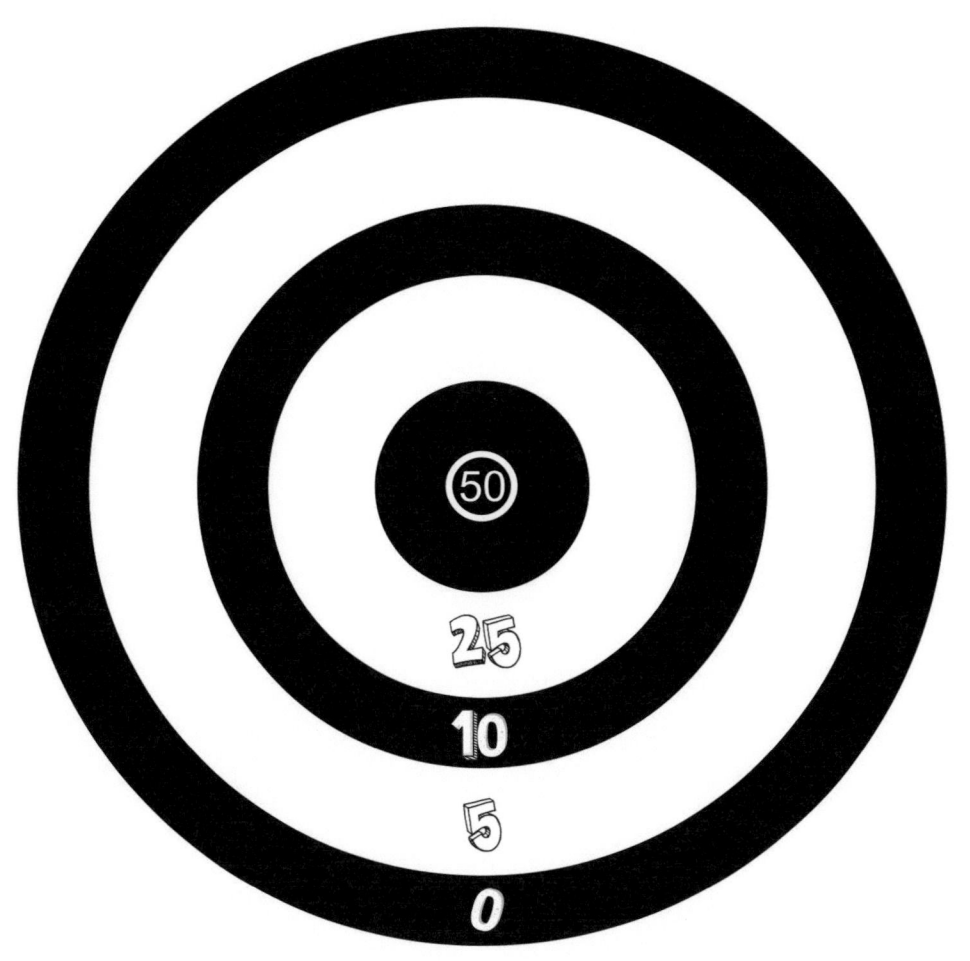

Lance quelque chose !

Un crayon, un chiffon imbibé de peinture, une balle trempée dans de l'encre...

Colle des plumes sur les deux pages !

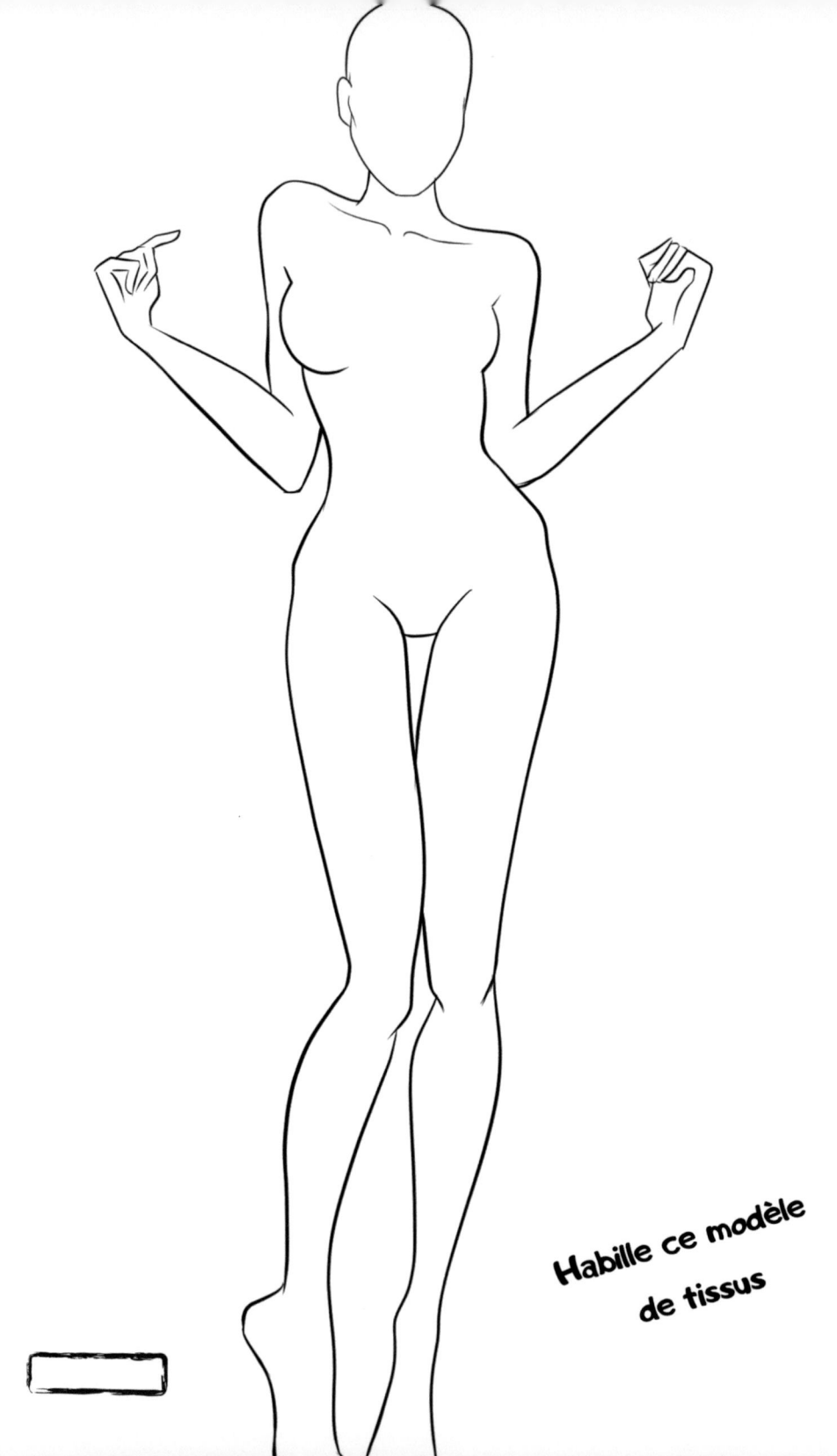

DÉCHIRE la page !

à l'aide d'un objet tranchant.
Gare aux doigts !

Gribouille et saccage les pages avec insouciance.

Page à Stickers

Arrache les languettes, DÉCHIRE-LES !

NE RIEN FAIRE SUR CETTE PAGE
RIEN !!!

 # Transforme ce carnet en sac à mains
*** Fais-en un accessoire de mode et balade-toi avec toute une journée ***

Colle,
Agrafe, ou Attache avec
du Ruban Adhésif

Les Pages

de ton livre

Aide Élisa à se refaire une coupe de cheveux.
Tu peux prendre les cheveux de ta brosse ou plusieurs de tes mèches.

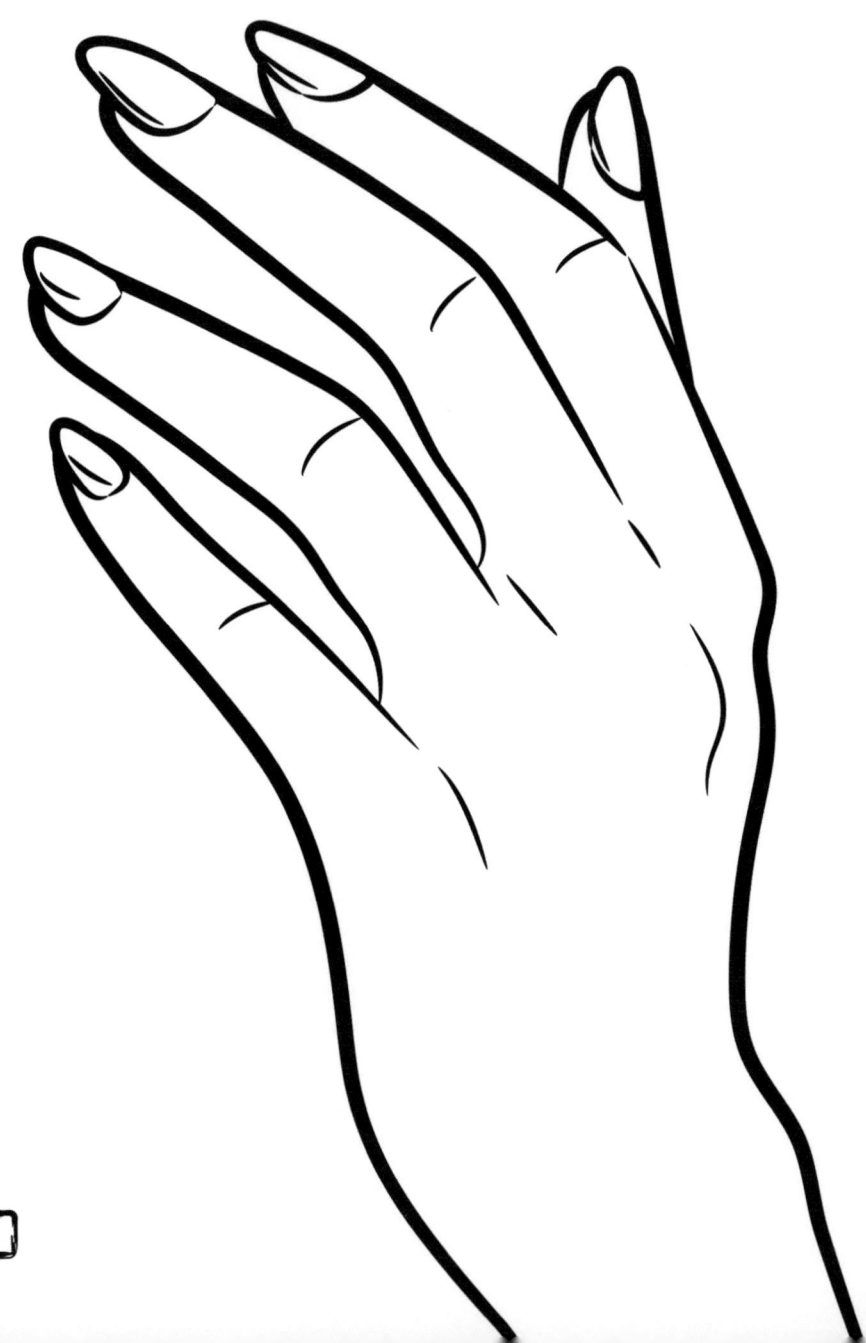

Décris-moi ce que tu as mangé ↘

Frotte, étale et éclabousse cette page avec ce que tu as mangé

Sers-toi de cette page comme de ta serviette

Page où
tu peux coller des confettis dessus.

Mâche ça

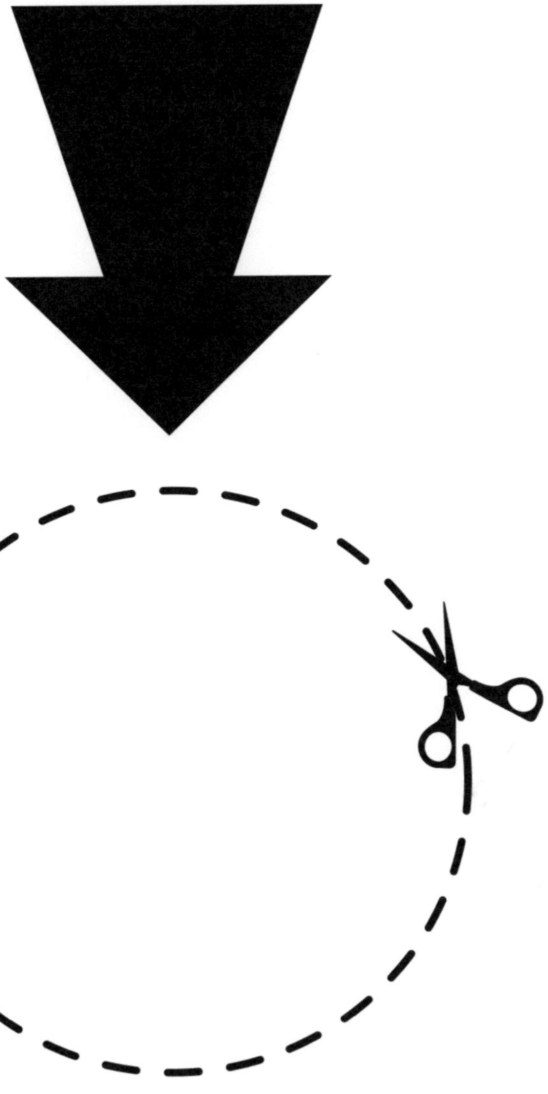

 ATTENTION : NE PAS AVALER !
MAIS RECRACHER et RECOLLER !

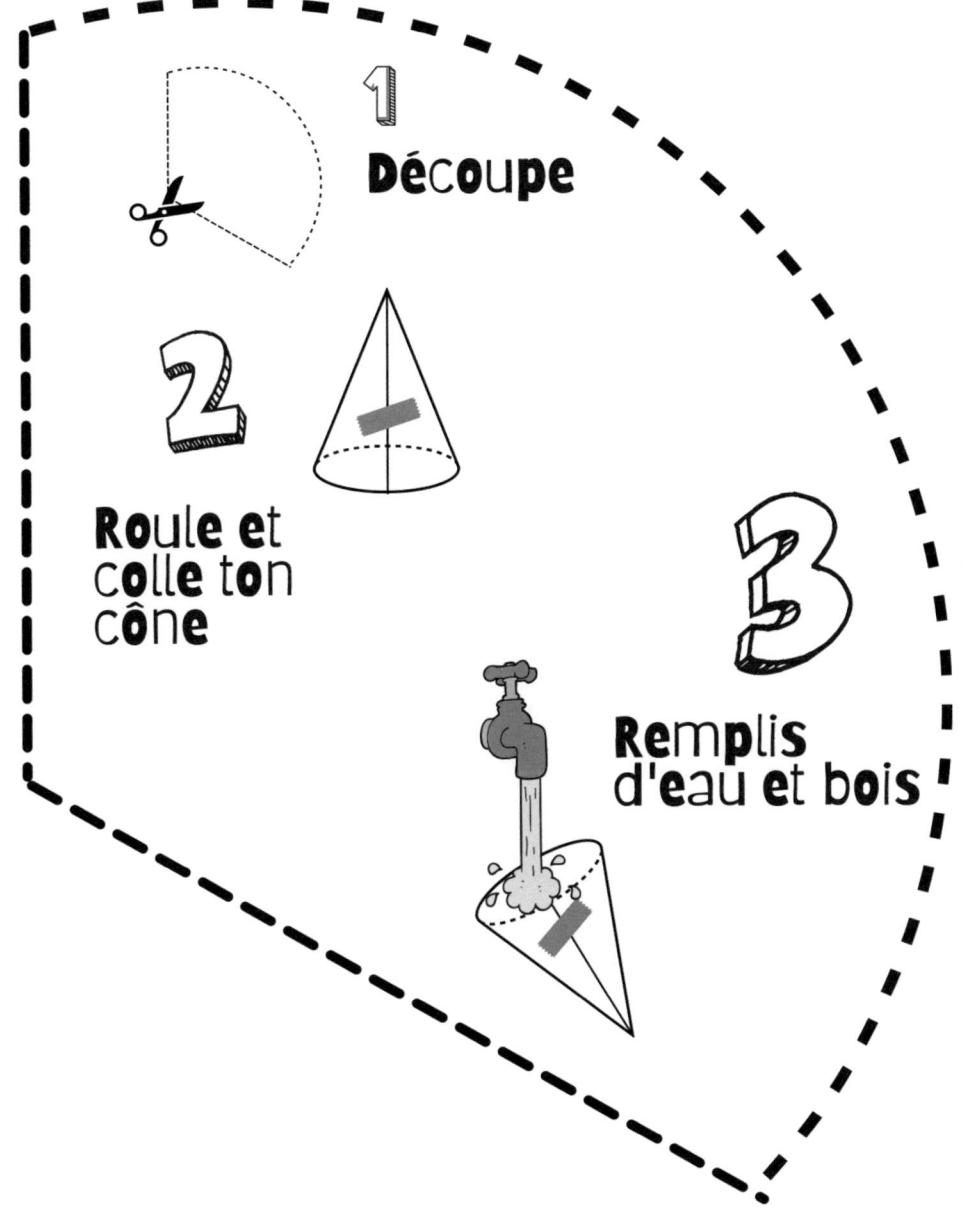

1 Découpe

2 Roule et colle ton cône

3 Remplis d'eau et bois

Fabrique ton gobelet avec cette page et bois de l'eau avec

Déchire

FROISSE

Et une fois que t'as fait ça, bah tu t'arranges pour remettre la page

Colle des chewing-gums

MARQUE TES PROPRES NUMÉROS DE PAGE

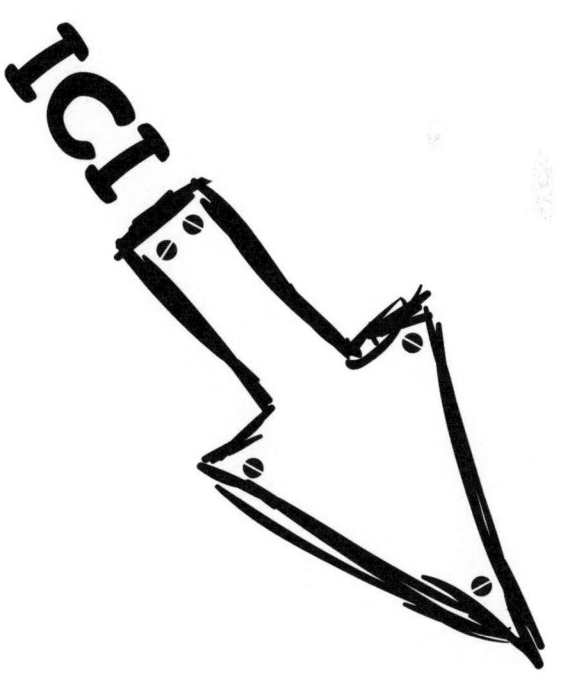

ICI

Colle des codes-barres :)

Éclate des ballons et recolle les morceaux sur la page

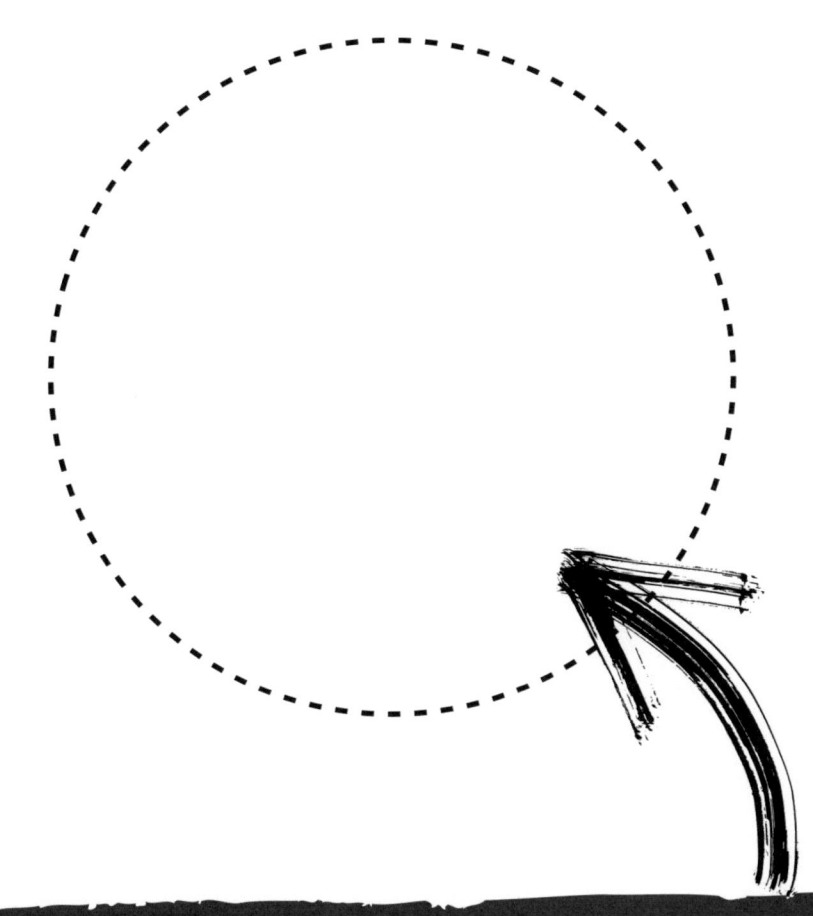

PEINS AVEC TA LANGUE ICI

1 Mange un bonbon coloré,

2 lèche cette page.

Écris le même mot, encore

et encore, et encore...

Entoure tes qualités

Déterminée · Entreprenante · Constante · Versatile · Autonome · Patiente · Fiable · Ambitieuse · Charismatique · Calme · Rationnelle · Créative · Curieuse · Passionnée · Polie · Perfectionniste · Critique · Organisée · Altruiste · Efficace · Collaborative · À l'écoute · Résolveuse de problèmes · Emphatique · Compétitive

...et tes défauts

Compétitive
Têtue
Impulsive
Critique
Indécise
Chaotique
Retardataire
Perfectionniste
Usante
Distraite
Introvertie
Impatiente
Passive
Sensible
Indifférente
Indisciplinée
Conventionnelle
Anxieuse
Égoïste
Autoritaire
Procrastinatrice
Maniaque du contrôle
Lente
Intolérante

ATTRAPE CE CARNET

SANS T'AIDER DE TES MAINS

Explique-moi en détails comment t'as réussi :

Pages de souhaits

Ces pages sont très importantes.
Il s'agit de coller et de mettre en image tes rêves et ce que tu souhaites le plus.

Dessine un **BEAU** bouquet de fleurs et colorie-le.

Dessine quelque chose de *moche*

INSPIRE-TOI SURTOUT D'UN SUJET TRÈS LAID

Tu peux coller des papiers de chewing-gums, sucettes ou autres bonbons sur toute la page.

Fais des petites boulettes de papier toilette et colle-les **ici**

Partout

Le Carnet "GOLF"

 Déchire une page et mets-la en boule

 Pose le carnet par terre en formant un triangle (ou un tunnel)

3. Frappe ta boulette et fais-la passer sous le tunnel

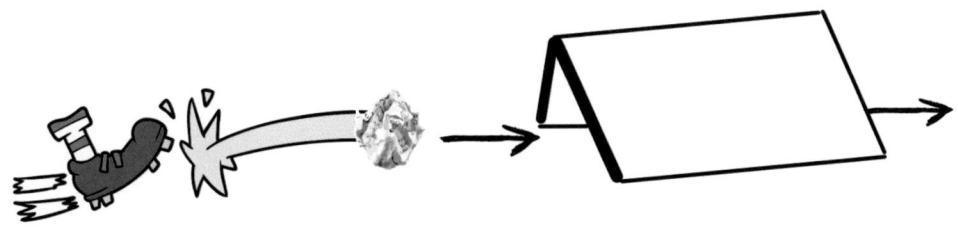

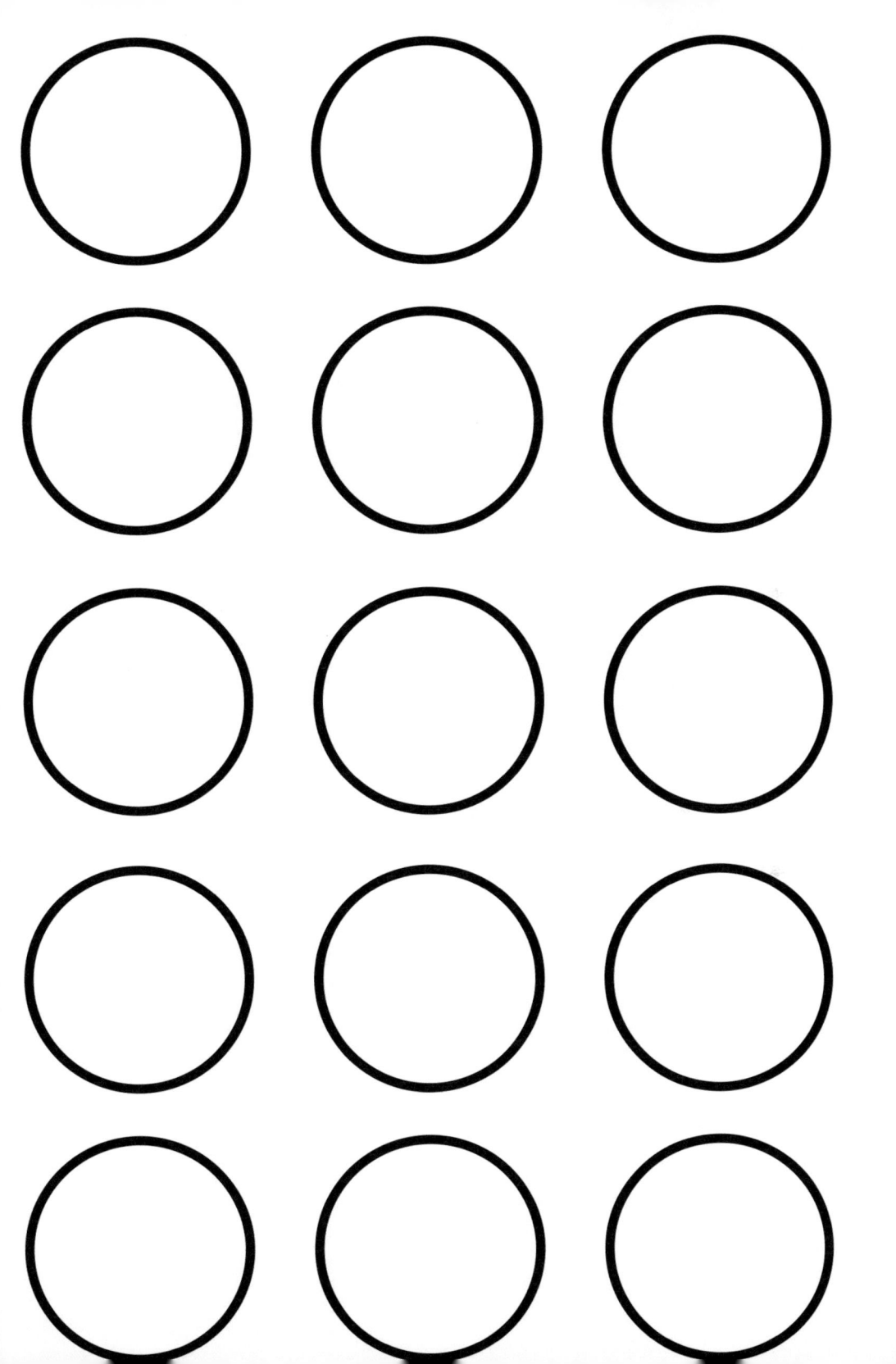

TON PORTRAIT CHINOIS
Si j'étais...je serais...

- Un moment de la journée
- Une saison
- Une pièce de la maison
- Un être cher
- Un livre
- Une mauvaise habitude
- Une plante
- Un pays
- Une fête
- Une personne célèbre

MAINTENANT DESSINE TON PORTRAIT CHINOIS

Ta collection de tatouages et de décalcomanies

PAGE DES MOTS INTERDITS
*** Tes pires insultes et jurons ***

Colle les étiquettes de fruits et légumes* sur ces 2 pages

*Colle les étiquettes de fruits et légumes que tu as achetés

Bah oui c'est important, mange 5 portions de fruits et légumes par jour

RECOUVRE CES PAGES

DE CORRECTEUR BLANC

À L'AIDE D'UN PINCEAU, BADIGEONNE
UN PEU
CETTE PAGE DE TON GEL DOUCHE ET DE TON SHAMPOING

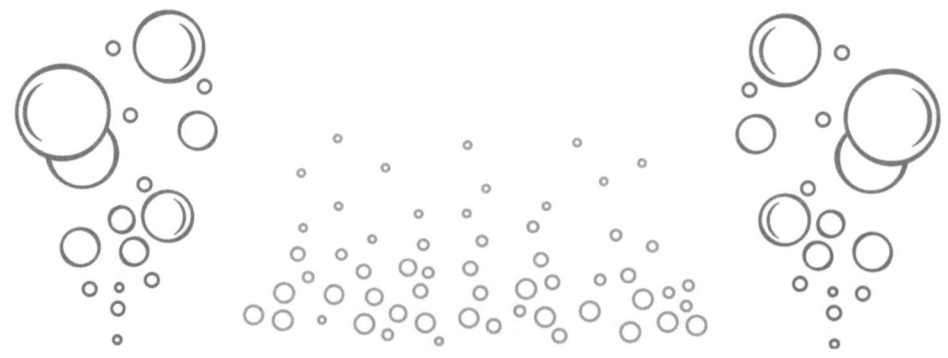

Accroche une belle mèche de tes cheveux sur cette page

FROTTE CES PAGES AVEC DE LA TERRE

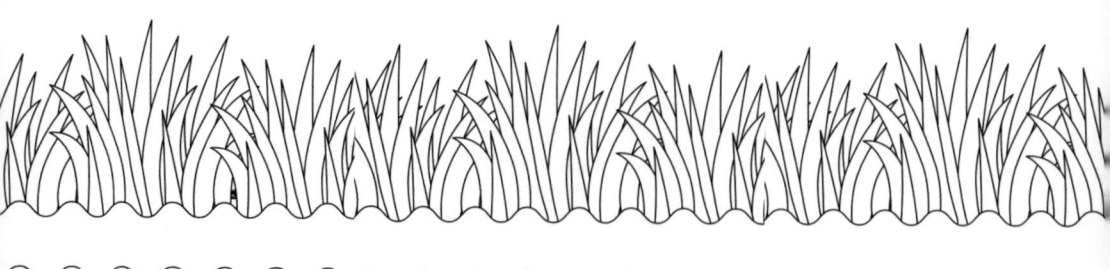

ET DE L'HERBE

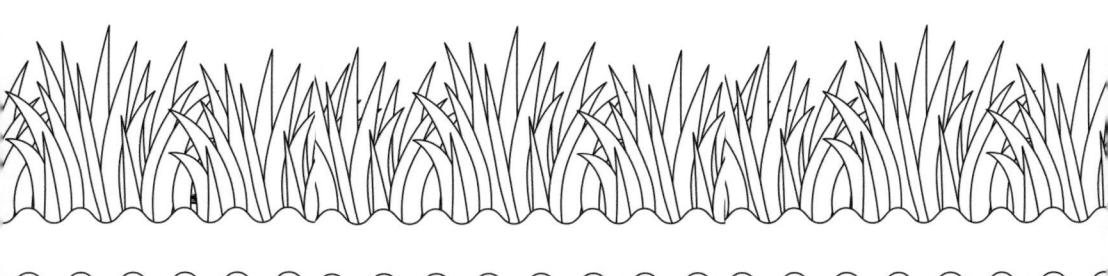

Ceci est de L'ART

DESSINE AVEC DU MASCARA

Ceci est aussi de L'ART

Fais goûter quelque chose ICI (encre, peinture, thé...)

FERME le livre pour faire une marque

CETTE PAGE EST UN
QUEL MESSAGE SOUHAITES-

PANNEAU D'AFFICHAGE
TU Y VOIR APPARAITRE ???

TES ÉMOTIONS

 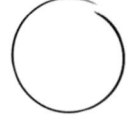  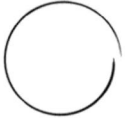 

Note ce que tu ressens au fil des jours

Dessines-en d'autres

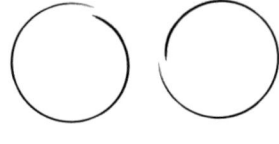

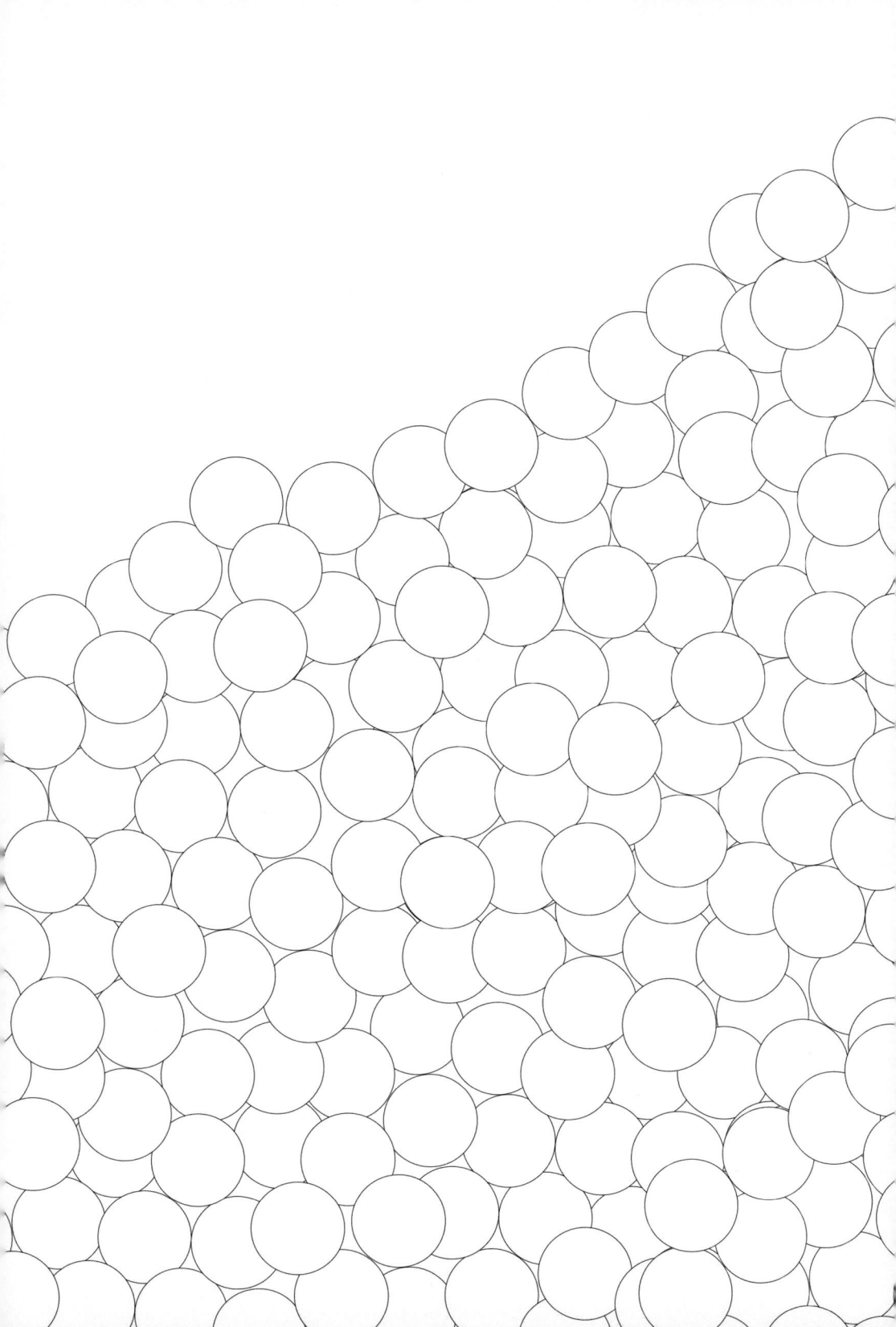

Colle plein de rubans pour faire
des paquets cadeaux * **BOLDUC**

Couds des boutons

Colle ici des pages prises au hasard dans ton journal local

Une fois les pages collées, entoure la première lettre de ton prénom à chaque fois qu'elle apparait.

To do list

Fais ta liste de courses sans écrire de mots

Ces pages sont réservées aux timbres avec un visage féminin ou pas !!!

DESSINE SUR :

☐ La couverture

☐ La page du Titre

☐ La page du Manuel d'utilisation

☐ Bref, dessine partout ! ! !

Tu peux aussi corner toutes les pages que tu préfères.

PAGE RÉSERVÉE AUX PENSÉES POSITIVES

PAGE RÉSERVÉE AUX PENSÉES NÉGATIVES

SACCAGE

Rassemble une collection de la première lettre de ton prénom

Prête ton précieux carnet à ta meilleure copine pour qu'elle saccage une page de son choix

Surtout : rester zen en priant qu'elle ne détruise pas mon œuvre d'art !

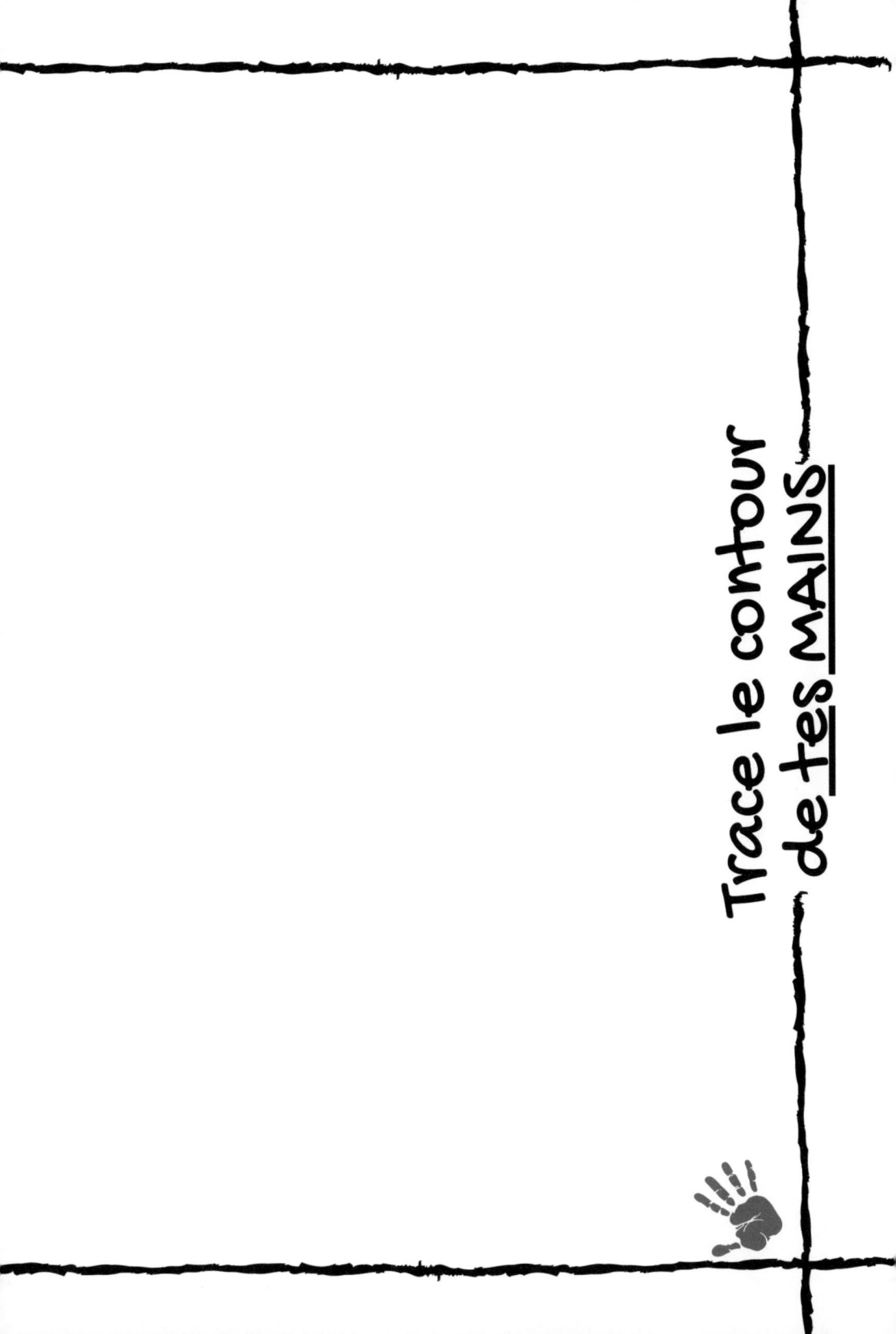

Trace le contour de tes PIEDS

JETTE UN SORT À QUELQU'UN

Pas d'inquiétude, c'est purement virtuel (mais ça fait du bien).

Complète ta poupée vaudou et donne-lui les attributs de la personne que tu souhaites envoûter. Tu peux aussi :

- lui mettre des vrais cheveux (le top serait ceux de la personne en question),
- remplacer ses yeux par des boutons à coudre,
- lui agrafer la bouche,
- lui coudre les membres avec du fil,
- lui donner du relief,
- lui planter des aiguilles là où tu veux qu'elle ait mal !

BREF !!! Torture-la.

Mais avant, prononce la formule suivante :

MALTUAUWA PAWTOUHOU YETEFORAIBOBO WIKIWIKI TUSOUFWILA PAWLECOURROU DEMOA

Dessine, colorie et …

FAB

RIQUE

TON

PUZZLE

Ensuite découpe-le et recolle-le pour le remettre à sa place

PAGE DE FRAPPE

Repense à une personne qui t'énerve et frappe le sac

Mets-toi du rouge à lèvres et embrasse ton livre. Chaque BISOUS pourra être d'une couleur différente.

Imprègne cette page du parfum de ton choix

Étale ta crème de jour partout sur cette page

Crée Ton Pixel Art

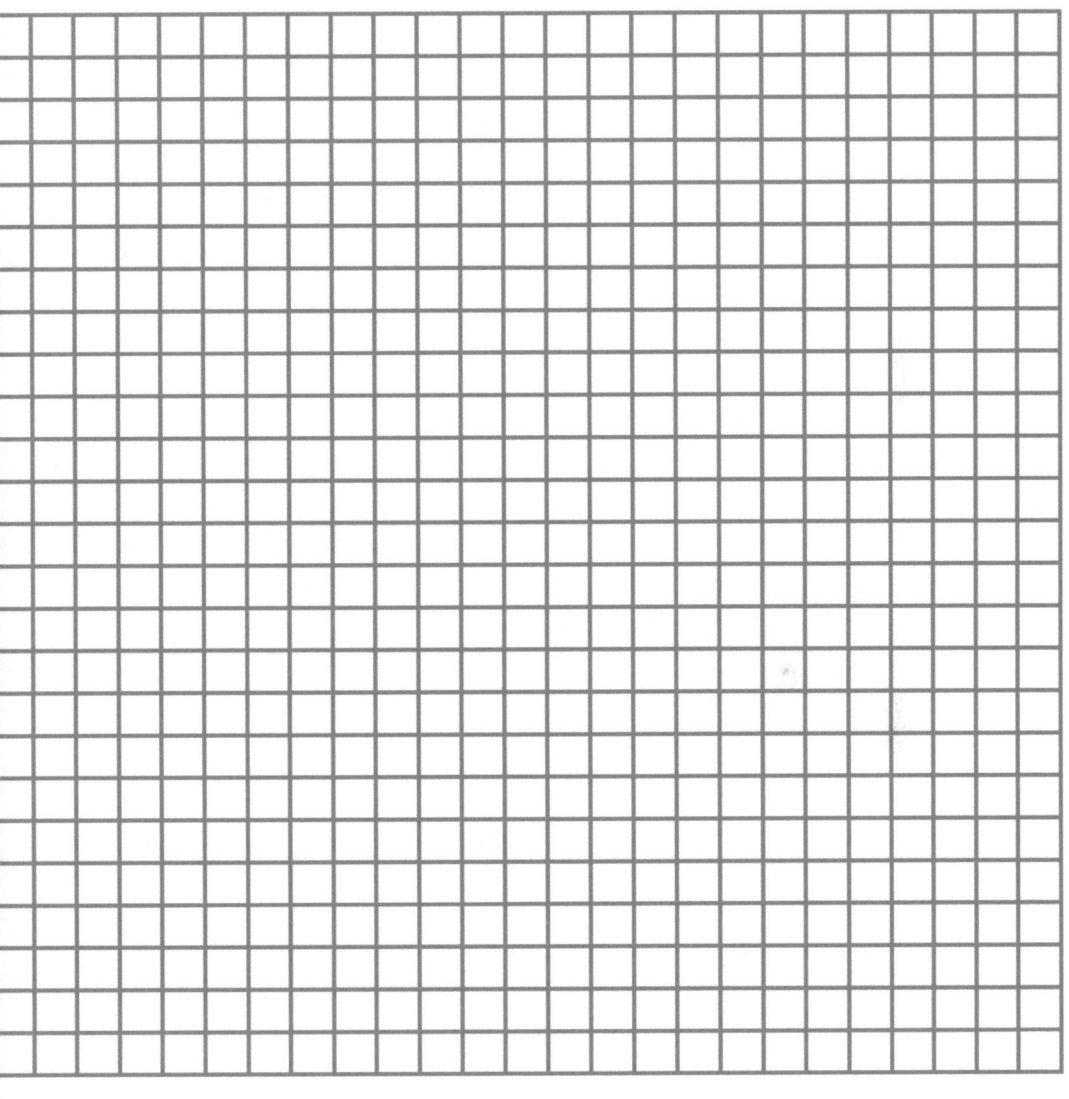

Écris quelque chose avec des lettres découpées dans un journal ou un magazine de mode.

Ma déclaration d'amour…

Arrache cette page et écris une déclaration d'amour à la personne concernée.

COLLE TA PHOTO ICI

Prends une photo de toi que tu détestes et défigure-la.

ÉCRIS OU DESSINE

DE LA MAIN GAUCHE
Si tu es Droitière

JEU DU TRAIT SANS FIN

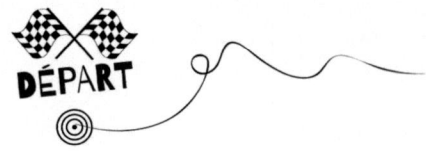

TRACE DES LIGNES AVEC UN STYLO

2 Ensuite, lèche ton doigt et fais baver les traits

DEBARRASSE-TOI DE CETTE PAGE ET FAIS EN TON DEUIL

JETTE-LA !!!

RELIE

LES POINTS

ENTRE

EUX

ton stylo avec ta bouche

Offre la page que tu aimes le plus à Quelqu'un

EMBALLE quelque chose avec cette page

Comme ça

¿REVNE'L Á SIRCÈ

Écris la suite . . .
1 . 2 . 3 .

Fabrique ton collier en chaine de papier

colorie les bandelettes

Cache un message secret quelque part dans ce carnet

Enveloppe le carnet dans une couverture, fais de lui ton Doudou, puis garde-le pour dormir

(Raconte ton Expérience ici)

Les Autres Moyens de Saccager Ton carnet :

1.

2.

3.

4.

5.

6.

7.

8.

9.

10.

11.

12.

13.

14.

15.

16.

17.

Griffonne sur cette page et dans les marges

Ceci n'est absolument pas un texte à lire, Rick Thims (moi-même) cherche juste à dérouter le lecteur et lui faire croire qu'il est en pleine lecture d'une œuvre principale de philosophie française. Avec un peu de chance, cet extrait une fois griffonné te rappellera peut-être un manuel scolaire ou un livre que tu as lu étant petit et sur lequel tu as colorié des œuvres magnifiques secrètement au feutre. Et d'ailleurs tu t'es peut être fait punir pour cela.

Mais le devenir d'un manuel scolaire n'est il pas d'être une œuvre d'art tant il est ennuyeux à lire, je te dis donc « Bravo l'artiste ! » pour tes prédestinations au graphisme urbain scolaire.

Hé mais tu es encore entrain de lire ? Tu ne devrais pas griffonner cet article sans queue ni tête ? Cesse immédiatement de lire car il s'agit peut-être de la dernière fois où tu pourras abimer quelque chose.

Sinon, et si tu ne veux pas griffonner comme je te L'ORDONNE, à la place tu pourras :

Décorer ta chambre, Préparer un gâteau pour ta famille ou tes amis, Faire un coloriage pour adultes, Acheter des chaussures, Ecrire toutes tes pensées dans un carnet, Organiser ta bibliothèque ou les livres rangés sur les étagères, Déplacer les meubles dans ta maison, Faire le ménage dans ta chambre du sol au plafond, Ecouter un livre audio, Chercher la signification de tes rêves – comme par exemple si tu as rêvé que tu perdais tes dents, Aller te faire couper les cheveux, Tester la méthode de rangement Marie Kondo, Faire une promenade en forêt, Faire un puzzle, Acheter quelque chose dont tu as envie depuis très longtemps, S'entraîner à appliquer la pensée positive, Jouer à cache-cache, Prendre un bain, Mettre à jour ton CV, Nettoyer les vitres, Vider le lave-vaisselle, Couper du bois, Aller chercher du pain, Faire un massage à quelqu'un que tu aimes, Changer l'ampoule des toilettes, Ecrire à tes grands-parents. **(D'ailleurs tu peux leur offrir "Mamie raconte-nous ton histoire" de Donnie et Elisa sur amazon.fr)**

Colle et
Collectionne
des insectes et
bébêtes
mortes sur ces
pages

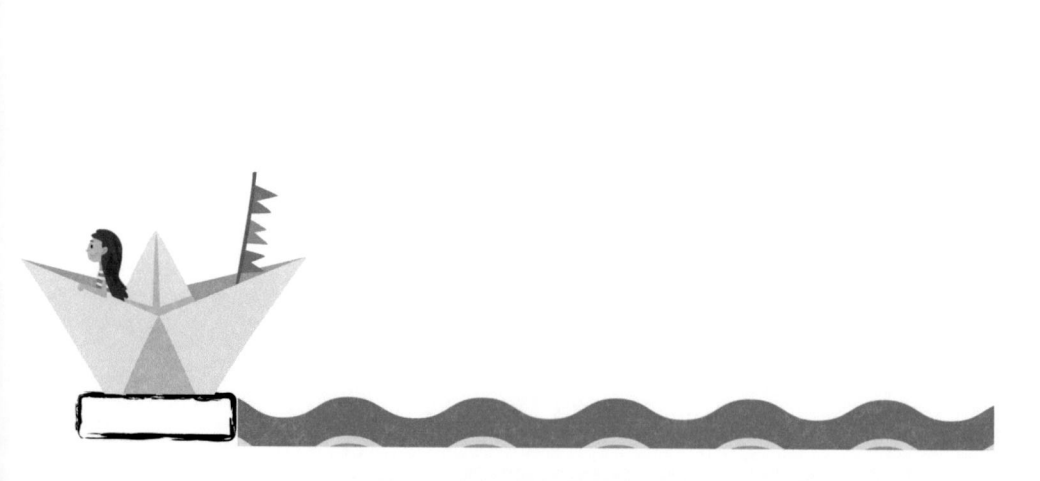

FAIS FLOTTER CETTE PAGE

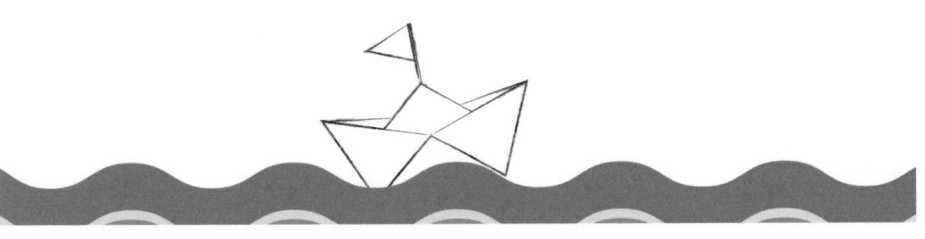

Cette page provient du livre "Saccage et Finis ce Carnet de Filles" par Rick Thims.

C'est un défi du carnet.

Merci de vous prendre au jeu et de la renvoyer à :

_____

_____

_____

Scanne-moi

#RICKTHIMS

FROTTE CETTE PAGE

SUR UNE VOITURE SALE

Emmène ce livre avec toi en cours et prends des notes sur ces pages

Recouvre ces pages entièrement de ruban adhésif

PAGE réservée aux mots à 5 LETTRES

 Colle tes crottes de nez sur cette page

Dessine ton animal préféré, donne-lui un prénom et colle-lui des poils.

Page réservée aux empreintes de ton animal de compagnie.

Cueille des fleurs et colle-les sur cette page. Fais-en un bouquet.

Vends cette page

Pour le montant de _____ €

à : _____

Conditions générales de vente

L'acheteur a connaissance que cette page ne pourra ni être remboursée, ni échangée, ni retournée.

Cependant, le vendeur se voit très reconnaissant que l'acheteur participe à la création d'une œuvre d'art sans communes mesures.

Merci à vous pour cet achat.

Rick Thims

Fais de cette page un pochoir
(tu pourras découvrir le résultat sur la prochaine page)

Regarde le super résultat de ton pochoir

Le Lancer de CARNET

RÈGLES DU JEU

1. Échauffe-toi, 5 minutes max !
2. Prends le carnet d'une main,
3. Ferme les yeux,
4. Tourne très vite sur toi-même,
5. Lance le carnet le plus loin possible,
6. Compte les pas qui te séparent de ton livre,
7. Note tes scores,
8. 3 essais par jour maximum,
9. Recommence quand tu veux.

GRILLE DE SCORES

Date	Nom du participant	Score 1	Score 2	Score 3

PAGE ANTI-STRESS

Colle du papier-bulles sur la page et éclate-les !

À PROPOS DE L'AUTEUR
(ÉCRIS QUELQUE CHOSE SUR TOI.)

Bah oui, c'est la Fin.

Alors pleure et verse tes larmes sur cette dernière page.

Mais ne t'inquiète pas, des carnets de saccage et d'autres livres sont dispos alors scanne le QR Code pour découvrir ma bibliothèque.

Je tiens à te remercier d'avoir participé à cette belle aventure. Merci du fond du ♡.
Et n'oublie pas que tu es une personne exceptionnelle.

À très bientôt.

Rick Thims.

Salut à Toi

Alors ? Est-ce que ça t'a plu ?

Le premier but du livre était que tu te fabriques ton œuvre d'art rien qu'à toi. Si tu lis cette page, c'est que ton imagination débordante a fait son œuvre.

N'oublie pas, si tu le souhaites, je t'invite à m'envoyer les extraits de ton livre et quelques idées que tu souhaiterais y voir apparaitre au cas où je décide de sortir un nouveau livre.

Alors rendez-vous à l'adresse e-mail suivante :

rick.thims.editions@gmail.com

J'espère que tu t'es bien éclatée et que tu as bien saccagé ce pauvre livre qui maintenant fait partie intégrante de ta vie.

Au plaisir de te lire.

À très bientôt pour de nouvelles aventures

Bien à Toi.

Rick Thims